Sascha Gottwald

I0009306

RFID and beyond - a survey on the most recent developments
systems

Sascha Gottwald

RFID and beyond - a survey on the most recent developments in wireless authentication systems

GRIN Verlag

Bibliografische Information der Deutschen Nationalbibliothek: Die Deutsche Bibliothek
verzeichnet diese Publikation in der Deutschen Nationalbibliografie; detaillierte bibliografische Daten sind im Internet über http://dnb.d-nb.de/ abrufbar.

1. Auflage 2004
Copyright © 2004 GRIN Verlag
http://www.grin.com/
Druck und Bindung: Books on Demand GmbH, Norderstedt Germany
ISBN 978-3-638-83761-3

RFID and beyond - a survey on the most recent developments in wireless authentication systems

Seminararbeit WS 04/05
Seminar "Understanding Mobile Technologies and Services"

Sascha Gottwald

Inhaltsverzeichnis:

1.   Gliederung - Abstract

Diese Arbeit ist im Rahmen des Seminars „UMTS - Understanding Mobile Technologies and Services" entstanden. Sie wird im Folgenden diverse Aspekte der RFID-Technologie erläutern, wobei hier sowohl auf die verwandte Technik als auch auf die soziologischen und gesellschaftlich kritischen Aspekte von solchen Autoidentifikationssystemen eingehen wird.

Im ersten Teil der Ausarbeitung wird eine Einführung in die Anwendungsgebiete von RFID-Technologien gegeben und aufgezeigt werden, welche Vorteile sich durch den Einsatz für Unternehmen ergeben können.

Das zweite Kapitel ist den unterschiedlichen RFID-Technologien gewidmet. Hier wird die Funktionsweise verschiedener Verfahren kurz umrissen und systematisiert und auch auf deren Probleme eingegangen. Auch fortschrittliche Methoden zur Autoidentifikation sowie zukünftig relevante Systeme werden erläutert.

Anschließend stellt sich die Frage: Wo werden fortschrittliche RFID-Verfahren bereits eingesetzt? Welche Systeme sind überhaupt im Einsatz oder haben zumindest Einsatzreife erreicht? Als Antwort werden einige aktuelle Projekte aus dem kommerziellen Sektor vorgestellt, die entweder bereits eingesetzt werden oder kurz vor der Marktreife stehen.

Im vierten Abschnitt widmet sich die Arbeit der Diskussion von RFID-Technologien unter sozialkritischen Aspekten. Hier wird erläutert, was Unternehmen für Vorteile oder Nachteile haben könnten und was der Verbraucher kritisch sehen sollte. Sie wird Einblick in die rege öffentliche Diskussion über Sinn und Unsinn sowie über datenschutzrechtliche Aspekte geben.

Abschließend wird versucht, in einem Fazit die Frage beantworten, ob RFID eine erfolgreiche Zukunft beschert sein wird.

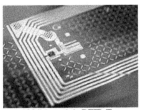

Abbildung 1-1: RFID Tag

2.   Einführung

Immer wieder liest man heute in der Presse, RFID wäre die Zukunft. Nun stellt sich die Frage, die Zukunft von was. Was ist überhaupt RFID? Leider kann man diese Frage nicht ganz so einfach beantworten. RFID oder auch generell Verfahren zur Autoidentifikation dienen sehr generell formuliert der drahtlosen Übertragung von Objektdaten zum Zwecke der Erfassung und eindeutigen Identifizierung der entsprechenden Objekte. Diese Objekte können sehr vielfältig sein, von Warenpaletten bis zu Personen. Ein Einsatzgebiet von RFID, welches von der Industrie momentan wohl am meisten gefördert wird, stellt die

Anwendung in der Logistik dar. An die Stelle der aufwändigen manuellen Erfassung von eingehenden und ausgehenden Waren rückt die automatische, berührungslose Registrierung, die den gesamten Weg der Versorgungskette, vom Hersteller bis in den Supermarkt, vereinfachen und kosteneffektiver machen soll.

2.1. Einsatzgebiete von RFID

Derzeit gibt es für den Verbraucher noch nicht allzu viele offensichtliche Einsatzgebiete von RFID-Chips. Die Offensichtlichsten hierbei sind die Verwendung als elektronisches Warensicherungssystem oder als Zugangskontrollsystem zu Firmengebäuden oder Laboren mittels einer Transponderkarte. Die RFID-Technologie steht jedoch vor einem entscheidenden Wandel. Namhafte Unternehmen, vornehmlich aus der Konsumgüterindustrie wie Wal-Mart und der Metro-Konzern forcieren eine Erweiterung der Einsatzgebiete von RFID-Chips. Während die Technik hier derzeit hauptsächlich im Logistik- und Zulieferungssektor Anwendung findet, wird bereits in sogenannten Future-Stores der Einsatz von Chips auf jedem einzelnen erworbenen Lebensmittel propagiert. Die rapide sinkenden Preise für Chips und Empfangstechnologie sowie die ständige Weiterentwicklung von Reichweite und Präzision machen einen flächendeckenden Einsatz immer rentabler und damit auch wahrscheinlicher.

Auch in anderen Gebieten hat sich RFID einen Namen gemacht. Beispielsweise werden Transponder Marathonläufern in ihr Schuhwerk eingebaut, um eine individuelle Zeitmessung zu vereinfachen.

Allgemein gesagt, gibt es eine Vielzahl von Anwendungsgebieten für RFID und man wird wohl in Zukunft sehen, wie sich der Erfindungsreichtum der Entwickler auf den praktischen Einsatz niederschlägt.

3. Technische Grundlagen funkbasierter Auto-identifikationssysteme

Das Prinzip der RFID-Technologie basiert auf dem Zusammenspiel von Transpondern und Lesegeräten oder Receivern. Es gibt hier diverse Kategorien, in die sich die Systeme einordnen lassen. Mein Anspruch ist es hier, den Leser in die Lage zu versetzen, anhand entscheidender Parameter eine Einteilung von RFID-Systemen vorzunehmen. Einige der wichtigsten Attribute und beispielhafte Systeme im heutigen Einsatz seien im Folgenden beschrieben.

3.1. 1-Bit Transponder

Diese Systeme werden in der Hauptsache bei der elektronischen Warensicherung eingesetzt. Es handelt sich dabei um Transponder, die nur genau zwei Zustände darstellen können. Entweder ist der Transponder im Empfangsbereich der Empfänger oder er ist es nicht.

3.1.1. Magnetisch induziert (RF)

Dieser Bautyp von Transponder wird üblicherweise auf folienähnliche Aufkleber ge-
druckt und somit auf die zu sichernden Artikel aufgebracht. Die Technik basiert hier auf
LC-resonanten Antennen, die auf eine bestimmte Resonanzfrequenz f_R eingestellt werden. Die Leser oder Detektoren erzeugen nun ein magnetisches Feld in der entsprechenden Resonanzfrequenz. Wenn nun der LC-resonante Transponder in die Reichweite der
Receiver bewegt wird, wird eine harmonische Schwingung erzeugt. Daraus resultiert eine
leichte Verringerung des magnetischen Feldes. Um eine exakte Ortung von Transpondern
im Empfangsbereich zu ermöglichen, wird das magnetische Feld mit einer ständig wech-
selnden Frequenz induziert. Man variiert also um 10 % nach oben oder unten bei einer
Referenzfrequenz von üblicherweise etwa 8,2 MHz.

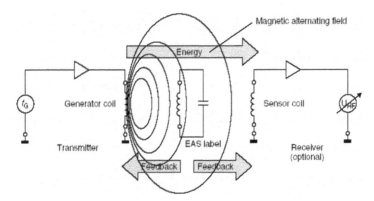

Abbildung 3-1: Funktionsweise eines 1-Bit Transponders [1]

Sobald die generierte Frequenz mit der des Transponders übereinstimmt beginnt der
Transponder zu oszillieren und eine Veränderung der Voltzahl wird beim Generator
sichtbar.

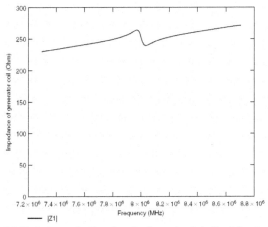

Abbildung 3-2: Veränderung der Impedanz des Generators beim Erreichen der Resonanzfrequenz des Transponders [1]

Eines der Probleme mit dieser Technik ist, dass die Transponder vor dem Verlassen des Geschäfts erst unschädlich gemacht werden müssen. Hierzu wird beispielsweise bei Folientranspondern das geschützte Produkt in einen Deaktivator gebracht, der aufgrund seiner ausreichend hohen magnetischen Feldstärke in der Lage ist, den auf die Folie aufgebrachten Kondensator zu überladen und somit zu zerstören. Die einmal zerstörten Folientransponder können dann jedoch nicht wieder verwendet werden.

Ein weiteres Problem stellt die Tatsache dar, dass einige handelsübliche Gegenstände (Kabelspulen, etc.) aufgrund ihrer ähnlich gelagerten Resonanzfrequenz Fehlalarme auslösen können.

3.1.2. Mikrowellen

Elektronische Warensicherungssysteme im Mikrowellenbereich operieren mittels Komponenten, die nichtlinear charakteristische Eigenschaften aufweisen wie beispielsweise Dioden. Eine solche Komponente weist eine charakteristische harmonische Schwingung auf. Es existieren hierbei neben dem Transponder zwei weitere Komponenten, ein Transmitter und ein Receiver. Bewegt man diese Transponder nun in ein von einem Transmitter erzeugtes Feld mit einer bestimmten Frequenz, so wird ein ganzzahliges Vielfaches dieser Frequenz vom Transponder emittiert und vom Receiver empfangen (siehe Abbildung 3-3).

Abbildung 3-3: Schematische Darstellung des Aufbaus eines Mikrowellensystems [1]

Übliche Systeme erzeugen hierbei das zwei- bis dreifache des Trägersignals, abhängig vom Typ der verwendeten Diode. Das in Europa übliche Frequenzband liegt hier bei 2,45 GHz oder 5,6 GHz. Außerhalb Europas werden auch Module mit 915 MHz gefertigt.

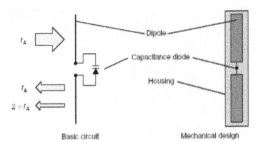

Abbildung 3-4: Funktionsweise und Aufbau eines mikrowellenbasierten Artikelsicherungssystems [1]

Meist sind solche Systeme nicht als Einmal-Transponder ausgelegt. Vielmehr befinden sie sich in einem robusten Plastikgehäuse und werden beim Verkauf der Waren entfernt und wieder verwendet.

3.1.3. Frequenzteiler

Dieser Typ von 1-Bit Transponder ist im Frequenzband von 100 bis 135,5 kHz beheimatet. Die Sicherheitslabel enthalten einen Halbleiterchip und eine kupferne Resonanzantenne. Der Mikrochip wird hier durch das magnetische Feld mit Strom versorgt. Die empfangene Frequenz wird durch den Mikrochip halbiert und reflektiert. Um zu vermeiden, dass Störsignale einen zu hohen Einfluss auf die Genauigkeit haben, wird hier die induzierte Frequenz auf eine Trägerfrequenz aufmoduliert. Damit kann zwischen Stör- und Nutzsignalen besser unterschieden werden.

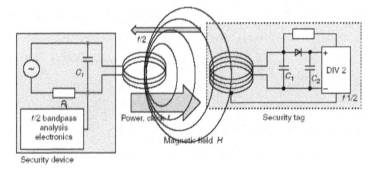

Abbildung 3-5: Aufbau eines Frequenzteiler-Sicherungssystems [1]

Auch hier werden die Transponder üblicherweise aufgrund des hohen Preises in Plastikgehäuse gegossen und beim Verkauf entfernt.

3.1.4. Elektromagnetismus

Diese Technologie verwendet üblicherweise starke magnetische Felder im Bereich zwischen 10 und 20 Hz. Die Tags enthalten einen flexiblen Metallstreifen, der magnetisch geladen ist.

Die Tags generieren basierend auf der Stärke und Polarität ihrer Magnetisierung und der Feldstärke charakteristische harmonische Schwingungen. Diese Schwingungen werden von den Antennen der Sicherheitssysteme empfangen und ausgewertet. Eine Optimierung der Funktion wird durch Überlagerung verschiedener Signale erreicht, die in ihrer Summe oder auch Differenzfrequenz die Resonanzfrequenz der Metallstreifen ergeben.

Die Transponder sind als Aufkleberstreifen in einer Länge bis zu 20 cm erhältlich. Aufgrund ihrer extrem niedrigen Arbeitsfrequenz sind diese Systeme die Einzigen, die in der Lage sind, metallische Gegenstände gegen Fehlalarme abzusichern. Nichtsdestotrotz ist hier ein spezielles Design der Detektoren notwendig, da die magnetischen Feldlinien den Tag vertikal erreichen können müssen.

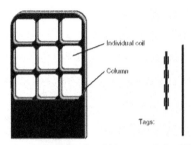

**Abbildung 3-6: Design einer Antenne für eine elektromagnetisches Sicherungssystem (links)
und Abbildung von typischen Transponderarten (rechts) [1]**

Zum Deaktivieren der Transponder werden die Tags mit einer Schicht magnetisierbaren Metalls überzogen. An der Kasse wird nun diese Metallschicht mit einem starken Magneten selbst magnetisiert. Damit wird die Magnetisierung der Streifen neutralisiert, so dass keine Aktivierung der Alarmsicherung mehr möglich ist.

Vorteil dieser Variante ist zudem, dass eine nachträgliche Reaktivierung hier durch einfache Entmagnetisierung möglich ist, was eine Vielzahl von Anwendungen, beispielsweise in Leihbüchereien ermöglicht.

3.1.5. Akustisch-Magnetisch

Diese Variante besteht aus zwei in einem Plastikgehäuse untergebrachten Metallstreifen. Einer davon ist starr und magnetisch, während der andere biegsam angebracht ist, und sich frei bewegen kann.

Sogenannte Ferromagnetische Metalle wie Nickel oder Eisen verändern leicht ihre Form unter Einfluss von magnetischen Feldern. Dadurch wird der bewegliche Streifen in Schwingungen versetzt. Die Amplitude dieser Schwingung ist bei einer bestimmten Frequenz des magnetischen Felds besonders groß.

Dadurch wird von Seiten des Transponders wiederum ein magnetisches Feld induziert. Dieses kann dann von den Empfängern des Sicherheitssystems leicht wahrgenommen werden.

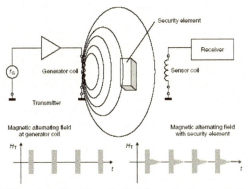

Abbildung 3-7: Schematische Darstellung der Funktionsweise eines akustisch-magnetischen Systems zur Warensicherung [1]

Durch Entmagnetisierung der Transponder wird die Resonanzfrequenz verändert und somit der Tag deaktiviert. Da hierfür jedoch ein äußerst starkes magnetisches Feld mit einer langsam ansteigenden Intensität vonnöten ist, scheint es hier unmöglich, dass ein Ladendieb das Warensicherungssystem durch das Mitbringen eines einfachen starken Magneten aushebelt.

3.2. Voll- und Halbduplex-Verfahren

In dieser Form der RFID-Transponder werden nicht ausschließlich physikalisch bedingte Effekte ausgenutzt. Vielmehr enthalten Tags aus dieser Klasse einen Mikrocontroller, der in der Lage ist, wichtige Informationen über das tragende Element zu speichern. Hierfür stehen durchaus in einigen Varianten mehrere Kilobyte Speicher zur Verfügung.

Weiterhin müssen nunmehr Daten zwischen einem Transponder und einem Receiver übertragen werden. Hierfür existieren zwei hauptsächliche Methoden: Vollduplex und Halbduplex. Ich werde in diesem Abschnitt sowohl die Art und Weise der Energieversorgung für die Transponder sowie die Weise auf welche Daten zum Receiver übertragen werden, für die unterschiedlichen Transponder-Architekturen betrachten.

Bei Halbduplex (kurz: HDX) alterniert die Richtung des Datentransfers vom Transponder zum Empfänger. Die übertragenen Daten werden hier harmonisch auf eine Trägerfrequenz aufgebracht, die beim Receiver wieder demoduliert wird. Das magnetisch induzierte Feld des Receivers wird direkt beeinflusst und daher spricht man hier von harmonischer Methodik.

Beim Vollduplex-Verfahren (kurz: FDX) ist ein Datentransfer gleichzeitig vom Receiver zum Transponder wie auch umgekehrt möglich. Dies geschieht, indem das Signal auf eine Subharmonische des Feldes oder eine vollständig unabhängige Frequenz aufmoduliert wird.

Gemeinsam haben beide Verfahren, dass der Transfer von Energie vom Receiver zum Transponder unabhängig vom Datenfluss ist und kontinuierlich erfolgt. In sequentiellen Systemen (SEQ) wird hingegen der Energietransfer nur in bestimmten Zeitfenstern durchgeführt. Der Datentransfer geschieht ausschließlich in den Pausen dazwischen. In Abbildung 3-8 wird dies anhand eines Diagramms verdeutlicht.

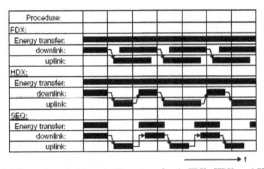

Abbildung 3-8: Darstellung des Energie-/ Datentransfers in FDX-, HDX- und SEQ-Betrieb. Downlink bezeichnet hier den Datentransfer von Receiver zu Transponder. [1]

Ein weiteres Unterscheidungsmerkmal für derartige Systeme ist die Art und Weise der Kopplung zwischen Receiver und Transponder. Es existiert hier die in den bisherigen Beispielen häufig verwendete Variante der induktiven Kopplung, die elektromagnetische Rückstreuung, die enge Kopplung und die elektrische Kopplung.

3.2.1. Induktive Kopplung

Bei der induktiven Kopplung besteht ein Transponder aus zwei Komponenten. Einerseits einem Mikrocontroller und andererseits einer Leiterschleife, die als Antenne fungiert.

Diese Art von Systemen arbeitet generell passiv. Das heißt, dass die Energiezufuhr für die Transponder von den Lesegeräten erfolgen muss. Zu diesem Zweck erzeugt der Receiver ein starkes magnetisches Feld um seine Antennen.

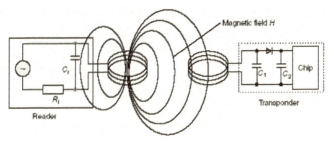

Abbildung 3-9: Schematische Darstellung der Energieversorgung von passiven Transpondern mittels induktiver Kopplung

Dadurch wird auf der Leiterschleife des Transponders eine leichte Spannung erzeugt. Damit wird der Mikrocontroller betrieben. Mittels eines Kondensators wird eine Kommunikation mit der zweiten Leiterschleife im Receiver ermöglicht. Dazu wird eine Resonanz auf der gleichen Frequenz erzeugt, wie das Receiversignal. In Kombination kann man diese beiden Leiterschleifen auch als Transformator sehen. Die Anzahl der notwendigen Windungen der Antennen hängt hierbei ab von der Operationsfrequenz, dem Winkel zwischen den beiden Schleifen und ihrem Abstand ab. Bei höherer Frequenz erhöht sich folglich auch die Anzahl der notwendigen Windungen und somit die Größe des Transponders und des Receivers. Die zu übertragenden Daten werden mittels Frequenzmodulation übertragen. Gegebenenfalls kann zum Zwecke der Reichweitenerhöhung das Signal auf eine Trägerfrequenz aufmoduliert werden. Leider ist dieser Typ von RFID-Systemen nur bis zu einer Entfernung von etwa einem Meter einsetzbar.

3.2.2. Kopplung durch elektromagnetische Rückstreuung

Will man die Übertragung auf eine Distanz von über einem Meter ausdehnen, spricht man bereits von „Long-Range" Systemen. Diese Systeme operieren auf der Frequenz von 868 MHz in Europa und 915 MHz in den USA im UHF-Bereich. Außerdem existieren Systeme auf 2,5 und 5,8 GHz im Mikrowellenbereich. Die geringe Wellenlänge in diesen Bereichen erlaubt die Konstruktion weit kleinerer Antennen. Durch Einsatz von äußerst stromsparenden Mikrocontrollern können bei passivem Betrieb bis zu 3 Metern Reichweite erreicht werden.

Mit Batterien auf dem Transponder kann die Reichweite auf bis zu 15 Meter erhöht werden. Die Transponder gehen automatisch in den Stromsparmodus, wenn sie außerhalb der Reichweite eines Receivers liegen. Dadurch sinkt der Verbrauch auf wenige µA. Erst beim Empfang eines ausreichend starken Signals wechselt der Transponder wieder in den aktiven Modus.

Elektromagnetische Wellen werden von Objekten mit etwa der halben Wellenlänge reflektiert. Die Effizienz der Reflektionen ist hierbei von Objekt zu Objekt unterschiedlich. Antennen, die wie hier auf die entsprechende Resonanzfrequenz abgestimmt sind, reflektieren mit entsprechend hoher Effizienz. Die Energie, die vom Receiver gesendet wird, wird teilweise auf dem Chip gespeichert und kann für die aktiven Funktionen des Tags verwendet werden. Der andere Teil, welcher reflektiert wird, kann mittels eines mit der Antenne parallel geschalteten Widerstandes kontrolliert werden. Hiermit ist es möglich, die Amplitude zu modulieren und somit Daten zu übertragen.

3.2.3. Enge Kopplung

Eng gekoppelte Systeme sind für Reichweiten zwischen 0,1 cm und 1 cm entworfen. Der Transponder und der Receiver müssen also fast in Berührung kommen, um eine Übertragung zu gewährleisten. Diese Technik kommt häufig in Zugangskontrollsystemen zum Einsatz, wo man mittels einer Magnetkarte oder einem Schlüsselanhänger kontrollierten Zugang zu wichtigen Räumlichkeiten gewährleisten kann.

Hierbei wird durch die enge Bindung des Transponders und des Receivers eine Transformatorschaltung realisiert.

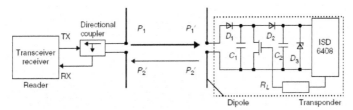

Abbildung 3-10: Operationsprinzip eines eng gekoppelten Transponders

Die Spannung ist ohne weiteres in der Lage, die geringe Distanz zu überwinden. Da die erzeugte Spannung in der Leiterschleife des Transponders proportional zur Frequenz der angeregten Stromstärke ist, sollte die gewählte Frequenz möglichst hoch sein. In der Praxis erreicht man zwischen 1 und 10 MHz.

Da im Kontrast zu den induktiv gekoppelten Systemen die übertragene Energiemenge groß ist, kann man hier besonders gut Chips mit höherem Energieverbrauch einsetzen.

Einerseits können hier die Daten wie bereits beschrieben mittels Modulation auf ein Trägersignal übertragen werden. Eine zweite Methode ist die kapazitive Kopplung. Hierbei wird das elektrische Feld zwischen den beiden nah beieinander liegenden Einheiten als Kondensator genutzt und hiermit die Datenübertragung realisiert.

3.2.4. Elektrische Kopplung

Die kapazitive Kopplung ist ihrerseits ebenfalls eine Form der elektrischen Kopplung.

In elektrischen Kopplungen wird vom Receiver ein starkes, hochfrequentes elektrisches Feld erzeugt. Die Antenne des Receivers besteht aus einer großen Elektrode, meist Metallfolie. Wenn eine hochfrequente Spannung an diese Elektrode angelegt wird, so erzeugt sie in Verbindung mit der Erdung das gewünschte elektrische Feld.

Die Antenne des Transponders besteht aus zwei leitfähigen Flächen in einer Ebene. Wenn nun diese Antenne in den Bereich des elektrischen Feldes kommt, so entsteht eine Spannung zwischen diesen beiden Flächen auf dem Transponder, die als Stromversorgung für den Transponder dienen kann.

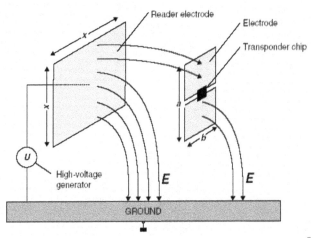

Abbildung 3-11: Elektrisch gekoppeltes System mit elektrostatischen Feldern für die Übertragung von Energie und Daten [1]

Die Datenübertragung geschieht in elektrisch gekoppelten Systemen ähnlich. Über den Eingangswiderstand R_L des Transponders agiert er mit dem Reader, indem er die Kapazität des „Kondensators" zwischen Receiver und Transponder variiert. Es wird eine Amplitudenmodulation mittels eines Regelwiderstandes auf dem Transponder realisiert. Durch das Ein- und Ausschalten dieses Widerstandes können Daten zwischen beiden Parteien übertragen werden. Dieser Vorgang nennt sich „Load Modulation".

3.3. Übertragung vom Receiver zum Transponder

Die Datenübertragung vom Receiver zum Transponder ist unabhängig von der Betriebsfrequenz oder der Kopplung. Hier kommen im Wesentlichen die drei bekannten Verfahren zur Modulation von Daten auf Trägersignale zum Einsatz:

- ASK: Amplitude Shift Keying (Amplitudenmodulation)
- FSK: Frequency Shift Keying (Frequenzmodulation)
- PSK: Phase Shift Keying (Phasenmodulation)

Aufgrund der einfachen Demodulation beim Receiver wird in den meisten Systemen die Amplitudenmodulation genutzt.

3.4. Sequentielle Übertragung

Sequentielle Verfahren kommen dann zum Einsatz, wenn die Übertragung von Daten und Energie zwischen Transponder und Empfänger alterniert.

Bei der induktiven Kopplung wird eine recht niedrige Frequenz vorausgesetzt. Eine induzierte Spannung aufgrund des alternierenden Felds kann auch hier wieder als Energiequelle für den Transponder genutzt werden. Im Gegensatz zu den HDX und FDX-Systemen wird hier jedoch die empfangene Energie auf einem Kondensator zwischengespeichert und stellt somit ein Energiereservoir dar.

Der Verlauf der Energienutzung in sequentiellen Systemen wird in Abbildung 3-12 verdeutlicht.

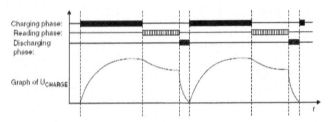

Abbildung 3-12: Zeitdiagramm für SEQ-Systeme mit induktiver Kopplung

4. Aktuelle Projekte auf Basis von RFID

Wenn man über RFID als Zukunftstechnologie spricht, ist es auch wichtig, über aktuelle Projekte zu sprechen, die mittels dieser Technologie realisiert werden.

Hierbei ist es derzeit besonders schwierig, gute Beispiele zu finden, da man regelmäßig eine große Masse an neuen Anwendern und Anwendungen vorfindet. Drei interessante Projekte seien hier jedoch beispielhaft erwähnt. Ich habe bei der Auswahl darauf Wert gelegt, dass die Projekte nicht zu alten Datums sind und dass sie aus unterschiedlichen Anwendungsgebieten stammen.

4.1. Metro Future-Store

Im Rahmen des Metro Future Store Projekts haben sich mehrheitlich die Unternehmen Metro, SAP, Intel und IBM zusammengeschlossen. Das Ziel ist es, eine Plattform zur Verfügung zu stellen, in der für den Einzelhandel bestimmte Innovationen getestet und entwickelt werden. RFID stellt eine der Schlüsseltechnologien dar, mit denen Future Store die Zukunft des weltweiten Verbrauchermarkts ausstatten will. Die Entwicklung von Standards steht hierbei im Vordergrund.

Abbildung 4-1: RFID-Etikett [10]

Im Mittelpunkt der vom Future Store propagierten RFID-Architektur steht ein Chip, der aus der Entfernung von bis zu einem Meter ausgelesen werden kann. Auf dem Chip gespeichert wird eine Produktnummer (EPC-Electronic Product Code), die mit dem heutigen System der EAN-Codes vergleichbar ist. Zusätzlich speichert der EPC noch das Ablaufdatum und das Gewicht sowie etwaige sonstige wichtige Daten.

Metro gibt an, mittels der RFID-Tags nicht die Verbindung vom Produkt zum Kunden herstellen zu wollen. Insbesondere wolle man die erhobenen Daten nicht zur Nutzung im Merchandising- und Marktforschungsbereich missbrauchen. Nichtsdestotrotz ist es lediglich als Option vorgesehen, bei der Bezahlung die Chips an den erworbenen Waren zu deaktivieren. Der Käufer kann selbst bei oder nach der Bezahlung eine solche Deaktivierung vornehmen.

Dem Kunden verkauft Metro die Nutzung von RFID als Vorteil, da hiermit die Nachbestellungen rechtzeitig getätigt werden können und somit keine Engpässe bei der Warennachlieferung auftreten können. Zudem kann der Kunde es leichter erkennen, wenn ein Produkt sein Haltbarkeitsdatum überschritten hat.

Als Ziele ihres Future Stores nennt Metro einen Gewinn an Kundenvertrauen in die neue Technologie beim Kunden. Sie versuchen, durch Transparenz nach außen und Kennzeichnung des Gebrauchs von Smart Chips einen entspannteren Umgang mit der neuen, umstrittenen Methode zu ermöglichen. Des Weiteren dient der Future Store natürlich auch als Beta-Test für den Gebrauchswert von RFID Technologie im Einzelhandel. Laut eigenen Angaben hat Metro sehr gute Erfahrungen mit dem praktischen Einsatz gesammelt.

Für ihr Engagement im Bereich RFID hat die Metro im Jahr 2003 den Big Brother Award in der Kategorie Verbraucherschutz gewonnen. Im Rahmen dieses Awards will ein Konsortium von Datenschützern und Computer-Experten auf die Risiken der Technologie hinweisen.

In Kapitel 5 werde ich auf die Bedenken weiter eingehen.

4.2. Die amerikanische FDA (Food and Drug Association)

Die U.S. Food and Drug Administration, welche für die Versorgung der USA mit Medikamenten zuständig ist, ist dabei, RFID-Technologie in ihrer Versorgungskette einzusetzen. Bis zum Jahr 2007 sollen sämtliche Medikamente bis hin zu jeder einzelnen Packung mittels Tags gekennzeichnet werden.

Erreicht werden soll damit, dass die Verteilung der Präparate besser kontrolliert werden kann. Damit soll Missbrauch vorgebeugt werden und die Medikamentation besser nachvollziehbar werden. Die Versorgungskette stellt ein ernsthaftes Problem in den USA dar, da es häufig vorkommt, dass Medikamente auf dem Schwarzmarkt landen. Außerdem gibt es bisher das Problem, dass viele Kunden gefälschte Medikamente erwerben und sich somit in ernsthafte gesundheitliche Gefahr begeben.

Unter anderem durch den Einsatz von RFID soll hier die Verifizierbarkeit erhöht und somit die Sicherheit beim Kunden gewährleistet werden.

Des Weiteren hat die FDA erst vor wenigen Wochen im November 2004 bekannt gegeben, dass man mittels RFID-Technologie Patienten vor Operationen kennzeichnen wolle, um Fehloperationen vorzubeugen.

Es scheint, als hätte die FDA großes Interesse an der neuen Technologie. Im medizinischen Bereich finden sich daher diverse zukünftige Anwendungsfälle.

4.3. Nokia Near Field Communication (NFC)

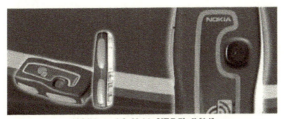

Abbildung 4-2: Nokia NFC Shell [14]

Eine weitere sehr aktuelle Anwendung von RFID-Technologie wird derzeit im sogenannten Near Field Communication Forum von den Firmen Nokia, Philips und Sony gefördert. Es handelt sich hier um Geräte, die zur berührungsbasierten Interaktion untereinander und mit den Benutzern geeignet sind. Reichweite dieser Tags sollen wenige Zentimeter sein, die Betriebsfrequenz liegt bei 13,56 MHz und es werden Übertragungsraten von maximal 424 kBit/s erreicht. Eine der Anwendungen soll sein, dass mittels dieser Technologie das Pairing für Bluetooth- oder WLAN-Verbindungen vereinfacht wird. Die Geräte werden einfach kurz aneinander gehalten und identifizieren sich per NFC, bevor die Bluetooth-Verbindung gestartet wird. Dieser Ansatz kann beispielsweise beim elektronischen Ticketing von Nützen sein. Aber auch diverse neue Anwendungsgebiete stellen sich die Initiatoren vor, vom Ad-basierten Werbebanner mit NFC-Schnittstelle und damit direktem Link zur Webseite bei Berührungskontakt über das Anbieten eigener Dienste oder Dienstverknüpfungen für Freunde oder Bekannte. Es existiert von Nokia sogar bereits eine mit einem NFC-Chip ausgestattete Handy-Oberschale (siehe Abbildung 4-2). NFC ist außerdem bereits bei den Organisationen ISO, ECMA und ETSI standardisiert.

Das genutzte Protokoll ist ein Peer-to-peer basiertes Protokoll. Die Kommunikation geschieht in Halbduplex. Dabei folgen die Geräte einer „Listen-before-talk"-Konvention, um Kollisionen zu vermeiden. Man unterscheidet zwischen zwei verschiedenen Rollen bei der Kommunikation: Initiator und Ziel. Der Inititator startet und kontrolliert die Übertragung der Daten. Das Ziel beantwortet ausschließlich die Anfragen des Initiators.

Es wird zudem zwischen zwei Operationsmodi, aktiv und passiv, unterschieden. Im aktiven Modus generieren beide Geräte ihr eigenes elektrisches Feld, um Daten per Funk zu übertragen. Im passiven Modus generiert nur ein Gerät ein elektrisches Feld, während das andere Gerät die Daten auf die entstandene Trägerfrequenz aufmoduliert. Das Feld wird hierbei generell vom Initiator erzeugt. Die Kommunikation wird entweder explizit durch einen der beiden Teilnehmer oder durch ein Entfernen aus der Reichweite abgebrochen.

Nach sorgfältiger Lektüre der angebotenen Materialien lässt sich vermuten, dass NFC, dessen erste Endgeräte bereits in Kürze erhältlich sein sollen, sich anschickt, eine der ersten RFID-basierten Technologien zu sein, die in den Endbenutzermarkt eindringen können.

5. Kritische Aspekte von RFID

In einer kürzlich erschienenen Studie des Bundesamtes für Sicherheit in der Informationstechnik werden die bisher von Datenschützern und Fachleute vorgebrachten Bedenken gegen den Einsatz von RFID gesammelt und auf den Punkt gebracht. Hierbei wurde ein Modell der möglichen Bedrohungen erstellt, welches in Abbildung 5-1 zu sehen ist

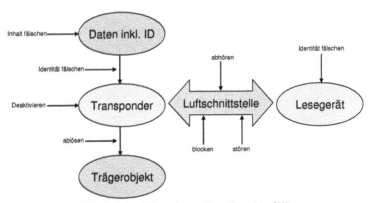

Abbildung 5-1: BSI-Analyse der Bedrohungslage [18]

Hierin ist deutlich erkennbar, an welchen Stellen böswillige Nutzer das System verändern und somit die Ergebnisse in Frage stellen könnten. Gleichzeitig bietet diese Grafik auch einen Anhaltspunkt dafür, in welche Richtung die Forschung in der nächsten Zeit arbeiten wird.

Man muss hierbei grundsätzlich zwei Arten von Bedrohung unterscheiden. Die Bedrohung von Seiten der Unternehmen für den Endverbraucher und die Bedrohung durch böswillige Manipulation. In diesem Diagramm wird lediglich die zweite Form dargestellt.

Abgesehen davon, dass sich Transponder von ihren Trägerobjekten ablösen lassen, und somit eine Erfassung nicht mehr möglich ist, muß natürlich die Gefahr eingedämmt werden, dass sie mit einfachen Mitteln deaktiviert werden, beispielsweise das Mitbringen ei-

nes starken Magneten oder Störsenders. Es existieren hier bereits geeignete Ansätze, die solche Vorhaben erschweren. Zudem sollte eine Veränderung der enthaltenen Informationen oder Identitäten vermieden werden.

Einen weiteren Schwachpunkt stellt die Luftschnittstelle dar. Hier ist es natürlich möglich, die Kommunikation einerseits abzuhören, oder sie zu blocken oder zu stören. Ein Abhören ließe sich ebenfalls mit gefälschten Lesegeräten erreichen.

Diese Probleme stellen den Verbraucher vor wahre Horrorvisionen. Eine mögliche Anwendung sieht vor, Elektrogeräte mit einem Tag zu versehen, der die Lebensdauer des Gerätes misst, um Qualitätskontrollen zu vereinfachen. Was wäre nun, wenn Einbrecher die Wohnung des Besitzers von außen scannen würden, um herauszufinden, ob sich ein Diebstahl lohnt?

Wie kann man sicherstellen, dass Kunden nicht nach dem Verlassen des Kaufhauses auf den Inhalt ihrer Taschen gescant werden, um Überfälle rentabler zu machen? Genügt hier eine freiwillige Entwertung der RFID-Chips?

Genauso stellt sich die Frage, ob dem Bürger zugemutet werden kann, ein blindes Vertrauen in die Handelskonzerne zu setzen. Wie kann man schließlich überprüfen, ob die Etiketten an der Kasse deaktiviert werden, oder nur vorübergehend in Schlafzustand versetzt werden, um im Nachhinein zu Marktforschungszwecken wieder aufzuerstehen?

Hier fragt sich, ob die vorhandene Gesetzeslage ausreicht, um einen umfassenden Schutz des Bürgers zu gewährleisten. Derzeit sieht es so aus, dass zwar beispielsweise Behörden personenbezogene Daten nur in Ausnahmefällen speichern dürfen, um ihre Aufgaben wahrnehmen zu können, es für private Unternehmen diesbezüglich aber keine Einschränkungen gibt, sondern diese nach dem Prinzip der Vertragsfreiheit arbeiten dürfen, statt hierfür besondere Datenschutzauflagen beachten zu müssen.

Zunächst scheint diese Bedrohung für viele relativ harmlos zu sein. Was aber geschieht, wenn in ein paar Jahren die Politik Unternehmen dazu verpflichtet, Bewegungsdaten über eine gewisse Dauer zu sammeln, um die Behörden in die Lage zu versetzen beispielsweise im Rahmen einer Rasterfahndung diese personenbezogenen Daten auszuwerten. Findet es der Verbraucher wirklich gut, wenn die Polizei mit wenigen Mausklicks in der Lage ist, herauszufinden, wie viel Erdbeerjoghurt man im Kühlschrank und wann man das letzte Mal Toilettenpapier gekauft hat?

Es stellt sich also die Frage, in wiefern ethische und moralische Bedenken ohne Druck dahinter den enormen Gewinninteressen der Wirtschaft gewachsen sein können, beziehungsweise in wieweit Datenschutzbedenken in der Lage sind, eine ebenso hohe Priorität bei Forschung und Entwicklung einzunehmen, wie dies im Moment die Preissenkung von derzeit ca. 50 Cent pro Tag auf geforderte 5 Cent tut.

Von daher fordern Datenschützer zu Recht den Gesetzgeber auf, entsprechende Richtlinien zu erlassen, die die Unternehmen zwingen, von rein ökonomischen Gesichtspunkten zu abstrahieren und den Schutz des Verbrauchers in den Vordergrund zu stellen.

Bisher sind auf diesem Gebiet jedoch leider keine entscheidenden Fortschritte zu verzeichnen. Man kann nur hoffen, dass der Abstimmungsprozess so forciert werden kann, dass eine für beide Seiten akzeptable Lösung gefunden wird.

6. Fazit – Eine Zukunft für RFID?

Ich denke, dass es sich nur noch um eine Frage der Zeit handelt, bis RFID-Systeme ihren Siegeszug auf dem Endbenutzermarkt einläuten. Die Vorteile für Handel und Industrie sind erdrückend. Eine bessere Ausrichtung der Zuliefergewohnheiten, Reduzierung von menschlichen Arbeitsplätzen und somit Lohnkosten durch Wegfall von Kassen- und Logistikpersonal, erhöhte Geschwindigkeit bei der Disposition von Waren und nicht zuletzt eine deutlich einfachere und preiswertere Qualitätssicherung sprechen hier für sich.

Die Industrie wird also den Vormarsch hier forcieren, so viel scheint gewiss. Allein im letzen Jahr hat sich die Anzahl der Forschungsprojekte und auch das Medieninteresse stark erhöht. Unzählige Interessengruppen haben sich zu Wort gemeldet und ihre Zweifel an Sinn und Zweck von RFID bekundet.

Die Industrie hat bereits erste Resonanz gezeigt. Ein Teil der Webseite des Metro Future Store liest sich mehr wie eine Entschuldigung oder Rechtfertigung als eine vollmundige Präsentation. Der Datenschutzaspekt scheint also auch bei den Entwicklern der einzelnen Projekte mehr und mehr in den Vordergrund zu treten. Dies ist meines Erachtens nach eine wünschenswerte Entwicklung, die zeigt, dass solche wichtigen zukunftsorientierten Projekte auch am Verbraucher und nicht nur am Handel und der Industrie orientiert werden. Schließlich sieht es doch alles so aus, als wären für uns in ca. 10 Jahren RFID oder ähnliche Chips auf jedem Joghurt-Becher genauso Alltag wie der grüne Punkt auf der Waschmittelverpackung seit Mitte der 90er Jahre.

Im Wettstreit der Interessen von Verbrauchern und Produzenten gibt es eher selten einen klaren Sieger. Ist das Produkt dem Verbraucher nicht gut genug, so kauft er es nicht und der Produzent muss nachbessern. Hat der Verbraucher hingegen zu hohe Ansprüche an ein Produkt, so steht des dem Produzenten frei, es entweder nicht mehr zu produzieren oder den Preis zu erhöhen. Etwas anders sieht es bei der Angebotsform aus. Der Verbraucher hat nur eine sehr geringe Wahlmöglichkeit, ob er ein Produkt, welches mit einem RFID-Chip ausgestattet ist, kaufen möchte oder nicht. Aufgrund der zunehmenden Globalisierung im Weltmarkt wird ihm über kurz oder lang keine andere Wahl gelassen werden, wenn er zu günstigen Konditionen einkaufen will.

Daher sollten die Verbraucher von heute die Chance nutzen, die Entwicklung von RFID besonders im Bereich Datenschutz in die richtige Richtung zu weisen. Erste Schritte sind mit der zunehmenden Aufklärung der Bevölkerung schon getan und erste Reaktionen (Future Store) sind bereits erfolgt. Nur dadurch, dass jetzt die Grenzen des Erlaubten scharf gezogen werden, können sie in Zukunft auch Bestand haben.

Abschließend möchte ich jedoch auch noch auf die Chancen hinweisen, die die RFID-Technologie bietet, sowohl wie bereits besprochen auf dem Handels- als aber auch dem Consumer Electronics Sektor. Hier scheint mir die NFC-Technologie ein möglicher Kandidat als Plattform für zukünftige Killerapplikationen zu sein.

Allgemein würde ich jedoch trotzdem sagen, dass die Stimmung, die die Medien im Zusammenhang mit RFID verbreiten zu negativ ist. Dies ist jedoch kein Phänomen der Neuzeit. Bereits bei der Erfindung des Automobils wurde es den Fahrern untersagt, ihre Fahrzeuge zu bewegen, ohne dass ein Adjudant mit einer warnenden Fahne vor dem Gefährt herlief und die Bevölkerung vor dem herannahenden Automobil warnte. Heutzutage würde man diese Regel als unsinnig abtun. Vielleicht hat sie aber dazu beigetragen, die Menschheit für die Gefahren des Autofahrens zu sensibilisieren. Trotz allem wird wohl

fast jeder Mensch zugeben, dass die Erfindung und Weiterentwicklung des Automobils der Menschheit einen entscheidenden Impuls gegeben hat.

Auch wenn ich hier nicht behaupten will, dass die Erfindung von RFID gleichbedeutend mit der des Automobils ist, so sehe ich doch die enormen Chancen darin und würde davon absehen, die Technik gleich zu verteufeln. Schließlich birgt sie neben den Risiken auch große Vorteile, die es zu nutzen gilt.

Abbildung 6-1: Automobil von Carl Benz

Quellenangaben:

(1) Finkenzeller, Klaus – RFID Handbuch (1999)

(2) Imrich Chlamtac, Chiara Petrioli, Jason Redi - Energy-Conserving Access Protocols for Identification Networks (1998)

(3) Meg McGinity – Is This Game of Tag Fair Play? (Communications of the ACM Vol. 47 No.1 January 2004

(4) Sanjay E. Sarma, Stephen A. Weis, Daniel W. Engels - RFID Systems and Security and Privacy Implications

(5) Harald Vogt - Efficient Object Identification with Passive RFID Tags

(6) Finkenzeller, Klaus – Kontaktlose Chipkarten (Funkschau 19/1998)

(7) Joshua R. Smith – Distributed Protocols for ID Assignment

(8) Angela Meyer, Peter Schüler – Mitteilsame Etiketten (c't 09/2004)

(9) Peter Schüler – Dem Verbraucher eine Wahl schaffen (c't 09/2004)

(10) Webseite zum Metro Future Store (www.future-store.org)

(11) Webseite Big Brother Award (http://www.big-brother-award.de/2003/.cop/)

(12) Diverse Newsseiten zur FDA:

http://www.pharmalive.com/News/index.cfm?articleid=190639&categoryid=56

http://www.rfidjournal.com/article/articleview/1238/1/1/

http://www.rfidjournal.com/article/articleview/801/1/1/

http://biz.yahoo.com/prnews/041119/cgf044_1.html

(13) Radiofrequency Identification Feasibility Studies and Pilot Programs for Drugs – FDA November 2004

(14) Diverse Webseiten zu NFC:

http://www.nokia.de/de/pressemitteilungen/nokia.de/2004/03/99310-framedPopup.html

http://www.heise.de/newsticker/meldung/49575

http://www.heise.de/newsticker/meldung/46084

http://www.nfc-forum.org/

http://www.nokia.com/nokia/0,1522,,00.html?orig=/rfid

NFC White Paper (http://www.ecma-international.org/activities/Communications/2004tg19-001.pdf)

http://www.nokia.com/nokia/0,,66260,00.html

(15) Stefan Krempl – "Viele Meinungen über RFID" – c't 22/2004

(16) Richard Sietmann – „Abgebügelt" – c't 13/2004

(17) Meyer, Schüler – „Mitteilsame Etiketten" – c't 9/2004

(18) Richard Sietmann – „Mehr Fragen als Antworten" – c't 25/2004